AF330271

Charles GRANDMOUGIN

L'Enfant Jésus

MYSTÈRE EN 5 TABLEAUX

ILLUSTRÉ DE DESSINS ORIGINAUX COMPOSÉS ET LITHOGRAPHIÉS

PAR

MM. Dagnan-Bouveret, Fantin-Latour, L. Mouchot,
de Richemont, Trochsler et Wencker.

PARIS

J. ROUAM & Cie, ÉDITEURS

14, RUE DU HELDER, 14

1892

Charles GRANDMOUGIN

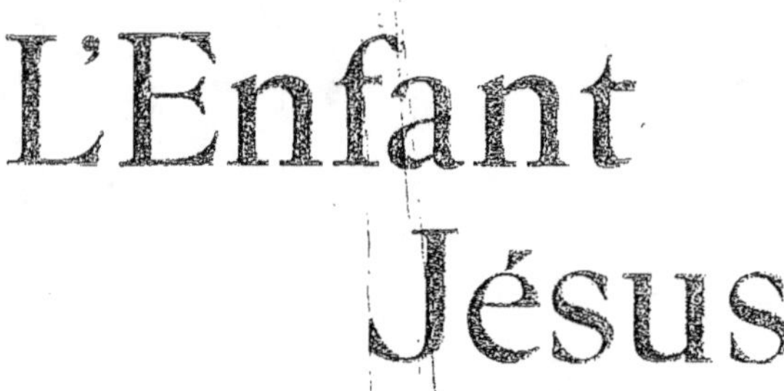

L'Enfant Jésus

MYSTÈRE EN 5 TABLEAUX

PARIS

J. ROUAM & Cⁱᵉ, ÉDITEURS

L'Enfant Jésus

MYSTÈRE EN 5 TABLEAUX

BORDEAUX. — IMPR. G. GOUNOUILHOU, RUE GUIRAUDE, 11.
PARIS. — RUE DE RICHELIEU, 101.

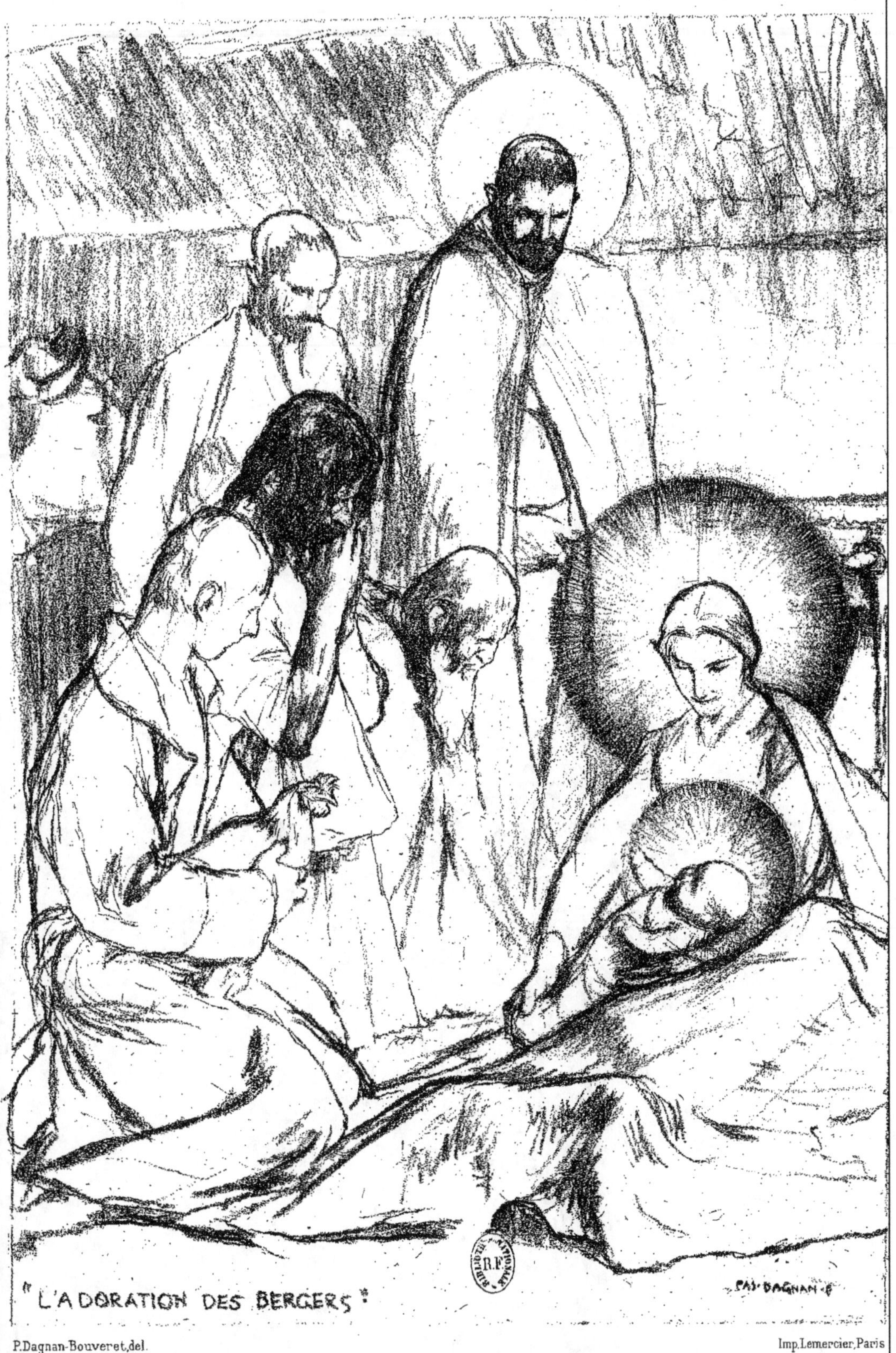

P. Dagnan-Bouveret, del.

Imp. Lemercier, Paris

Charles GRANDMOUGIN

L'Enfant Jésus

MYSTÈRE EN 5 TABLEAUX

ILLUSTRÉ DE DESSINS ORIGINAUX COMPOSÉS ET LITHOGRAPHIÉS

PAR

MM. Dagnan-Bouveret, Fantin-Latour, L. Mouchot,
de Richemont, Trochsler et Wencker.

PARIS

J. ROUAM & Cie, ÉDITEURS

14, RUE DU HELDER, 14

1892

PERSONNAGES

La Vierge.
Fatime, courtisane.
La Reine, femme d'Hérode.
Saint Joseph.
Un Ange.
Hérode.
Balthasar, ⎫
Zaher, ⎬ Mages.
Melchior, ⎭

Meghiel, ⎫
Hédal, ⎬ Bergers.
Sahid, ⎭
Un paysan de Judée.
Le maître de l'étable.
Le prince des scribes.
Le grand sacrificateur.
Le chef des soldats.
Soldats, paysans.

Le Sphinx.

La musique de scène de ce mystère a été composée

par Francis THOMÉ.

~~~~~~~~~~~~~~~~~~~~~~~~~~~~~~~~~~~

TABLEAUX
~~~~~~~~~~~~~~~~~~~~~~~~~~~~~~~~~~~

Premier Tableau

LES MAGES

*Pendant la nuit, en Perse. — Une terrasse aux appuis de marbre. —
Lointains de montagnes et de vallées. — Le mage Balthasar,
entouré de papyrus et d'instruments astronomiques, est seul.*

BALTHASAR.

L'étoile ne vient pas, et je l'attends toujours!
Des astres cependant l'invariable cours
N'a pu tromper encor ma froide vigilance.
La scintillante nuit règne, nuit de silence,
Nuit pleine du parfum des lis et des rosiers.
Je laisse errer partout mes yeux extasiés,
Mais l'astre merveilleux, prévu par ma science,
N'a pas encor percé l'azur; ma prévoyance
Se trouble; mes calculs m'auraient-ils donc menti?
Tu t'es courbé longtemps, mon front appesanti,

Je sais comment le ciel à l'immense mystère
Influence le cours des choses de la terre;
Je sais qu'autour de moi, dans la Perse, les Dieux,
Adorés follement des hommes, sont trop vieux,
Et que, là-bas, bien loin, près d'une mer profonde,
Doit surgir l'homme-dieu, père d'un nouveau monde!
Je le sais, et pourtant, dans les déserts du ciel,
Mon rêve caressé ne s'est pas fait réel.
Rien ne m'a confirmé dans mon orgueil de mage,
Et dans l'immensité les astres sans nuage
N'offrent à mon tourment que des regards connus!
Espoirs des temps passés, qu'êtes-vous devenus?

FATIME entre.

Balthasar!

BALTHASAR.

Toi, Fatime!

FATIME.

                Oui, ta science est vaine.
Mon amour, devinant tes fièvres, me ramène
Vers l'isolement noir de ton cœur oublieux,
Vers toi dont j'ai subi le geste dédaigneux

Imp. Lemercier, Paris

Et les colères d'homme et les fiertés de sage;
Je reviens sans vouloir attendre le message
Où tu me blesserais de ton adieu cruel.

BALTHASAR.

Ma science est sacrée, et mon art éternel.

FATIME.

Ton art et ta science ont trompé ton génie,
Et la félicité par toi-même bannie,
Balthasar, peut renaître avec moi dans mes bras,
A l'heure désirée, au lieu que tu voudras!
Par cette belle nuit, bleuissante et calmée,
L'idéal absolu c'est une femme aimée,
C'est l'amoureuse paix d'un divin rendez-vous,
Près du fleuve où bruit la tige des bambous,
Dans l'atmosphère douce où le lotus embaume.
Poursuivre ton labeur c'est poursuivre un fantôme,
C'est chercher l'inconnu, sans voir à ton côté
L'immortel paradis de la réalité!

BALTHASAR.

Ta parole me trouble et ta voix me captive
Encore, et malgré moi mon âme est attentive

A tes accents subtils que parfume l'amour.
C'est vrai, j'allais souffrir jusqu'aux lueurs du jour
Et, les yeux abîmés dans la claire étendue,
Espérer les regards de l'étoile attendue;
Mais tu viens, et tes yeux emplissent l'horizon,
Et je crois voir la joie entrer dans ma maison!

FATIME.

Non, le bonheur n'est pas dans des regards d'étoiles;
La science pour toi n'a pas ouvert ses voiles,
Et la terre où l'amour t'offre son divin miel
Te comble des trésors refusés par le ciel!

BALTHASAR.

L'amour! je veux enfin le voir et le connaître.
Ma raison me trompait, mon cœur devient le maître,
Car j'oubliais de vivre en contemplant les cieux!
Tout un azur nouveau m'apparaît dans tes yeux,
Dans le rayonnement de leur splendeur profonde
Me sourit tout à coup l'espoir d'un plus beau monde!

FATIME.

Oui, la science ingrate appartient aux vieillards,
Et leurs cerveaux dormants, troublés par des brouillards,

Peuvent trouver un charme à la nuit d'un problème;
Tous ces désespérés ignorent que l'on aime,
Et leurs cœurs désertés, à qui plus rien n'est cher,
Sont froids comme le fleuve enchaîné par l'hiver.
Mais l'être plein de sève où la jeunesse vibre
Doit prendre un magnifique essor et, toujours libre,
Dédaigneux d'un savoir aux trompeuses leçons,
Demander de l'amour à tous les horizons.

BALTHASAR.

Aimer! c'est la jeunesse en fête! c'est la vie!

FATIME.

Renonce à cette cause avec honneur servie,
Et si le ciel te trompe, abandonne le ciel!
Laisse la coupe sombre où se cache le fiel;
Près de moi, dans un rêve ineffable baignée,
Savoure éperdument l'ivresse dédaignée!

BALTHASAR.

Ta voix comme un courant m'entraîne, je te suis,
Dompté par la splendeur merveilleuse des nuits
Que ta chaude beauté fait plus belles encore;
Sous les grands cèdres bruns à l'ombrage sonore,

Allons, dans un délire idéal emportés,
Connaître jusqu'au jour d'intimes voluptés,
Et laissons se glisser dans nos lèvres décloses
Les effluves épars des muguets et des roses!

FATIME.

Tu me parlais des Dieux! Ils sont autour de nous,
Dans cette brise lente, au parler frais et doux,
Dans les parfums sans nombre émanés de la terre,
Dans le silence obscur des monts, dans le mystère
Des insectes ailés aux corselets de feu
Qui passent, frémissants et dorés, dans l'air bleu!

BALTHASAR.

Oui, je reviens à toi, Nature impénétrée!
Et si ton grand secret me fuit, cette soirée
Où le ciel infini redouble mon désir,
M'offre un bonheur réel que ma main peut saisir.

FATIME.
Partons!

BALTHASAR.

Partons, Fatime. Adieu, veilles sans nombre
Où l'esprit, vacillant comme un vaisseau qui sombre,

S'épuise vainement en calculs inouïs!

Astres qui scintillez aux cieux épanouis,

Je sais lire à présent en vos clartés sublimes!

Dans ces fourmillements d'or, dans ces clairs abîmes

D'azur où ma jeunesse allait se consumer,

Je ne vois plus qu'un mot inoubliable : Aimer!...

(Au moment où Balthasar va s'oublier dans les bras de Fatime,
il se détourne vers l'Occident avec un grand mouvement de
surprise, et demeure immobile.)

FATIME.

Mais qu'as-tu donc, ami? Pourquoi tarder encore?

BALTHASAR.

Je ne sais quel démon me trouble! Est-ce l'aurore

Qui rougeoie au-dessus de ces plateaux boisés?

FATIME.

Partons!

BALTHASAR.

    La nuit n'est pas finie, et je ne sais

D'où vient cette lueur inattendue et douce.

FATIME.

C'est quelque feu de pâtre endormi sur la mousse;

Une flamme dans l'herbe a pu se réveiller
Sous un des tisons d'or échappé du foyer!

BALTHASAR.

Non, ce n'est point l'éclat connu d'un incendie!
La clarté dans le ciel profond s'est agrandie,
Et son rayonnement qui remplit l'horizon
Ne vient pas d'une flamme errant sur le gazon!
Au-dessus des massifs des forêts ténébreuses
Les étoiles d'argent s'effacent, vaporeuses,
La lumière croissante envahit l'azur clair,
Un astre merveilleux doit émerger dans l'air!
Mes yeux, n'en doutez pas, c'est elle, c'est l'étoile!
Ainsi qu'un naufragé qui découvre une voile
Et pousse un cri d'espoir sur les flots désolés,
Ainsi, les yeux tendus vers les cieux constellés,
Je sens soudainement en mon cœur qui se brise
Triompher mon orgueil et ma foi reconquise!

FATIME.

O rage! me voilà vaincue et pour jamais!
Religion, science, art pur, vous que je hais,
Hélas! vous me prenez encor celui que j'aime!

BALTHASAR.

Va-t-en! car ta présence est un vivant blasphème.
Va! rien qu'à t'écouter, femme, rien qu'à te voir,
J'oubliais les tourments augustes du devoir!
Qu'importent tes baisers, ta chair et ta folie,
Quand la loi dont j'avais douté s'est accomplie,
Et quand un Dieu nouveau, celui que j'espérais,
M'appelle par delà les monts et les forêts!

FATIME.

Pauvre cœur aux instincts mobiles, cœur de traître,
La délirante foi que tu fais apparaître
N'absout pas à mes yeux ta brusque trahison!
Ce qui commande en toi, ce n'est pas la raison,
C'est ton orgueil brutal de rêveur et de mage,
Et si tu vas porter aussi loin ton hommage
C'est moins pour adorer cet enfant nouveau-né
Que pour t'enorgueillir de l'avoir deviné!

BALTHASAR.

Comme un dard qui s'émousse au tranchant d'une pierre,
Ainsi tombe à mes pieds ton insulte grossière!
Mon irritation, que maîtrise ma foi,

Ne veut pas en ce jour descendre jusqu'à toi.
Va-t-en!

FATIME.

Tu pleureras l'amour!

BALTHASAR.

Si je le pleure,
C'est qu'en moi la faiblesse humaine aura son heure
Et que mes sens vainqueurs triompheront encor!
Mais d'ici-là je veux garder tout mon essor
Et partir vers le but que m'assigne l'étoile!
Respecte les secrets immenses que te voile
Ton corps matériel à la terre attaché :
L'idéal m'appartient comme à toi le péché!

(Fatime sort.)

Plus radieuse encor l'étoile s'est levée.
Salut, astre prévu par moi, splendeur rêvée!
Pardonne-moi si j'ai douté pour un moment
De te voir apparaître en ce clair firmament,
Et si l'impur désir a frôlé de son aile
Mon être impatient qui te fut infidèle!
Je vais vers toi! (Appelant.)

Zaher! Melchior! compagnons
De mes travaux, venez contempler ces rayons
Dont l'éclat frissonnant nous pénètre et nous guide!

ZAHER, accourant.

O merveille vivante!

MELCHIOR.

O vision splendide!
Domptés par le sommeil dans notre vieille tour,
Nous laissions s'éveiller au ciel l'astre d'amour!
Ah! c'est toi le voyant, Balthasar! ton beau songe
Dans la réalité terrestre se prolonge;
Tes amis, devenus tes serviteurs pieux,
Suivront vers l'Occident tes pas victorieux!

BALTHASAR.

Nous marcherons tous trois, longtemps, dans des contrées
Que même nos regards n'ont jamais explorées,
Nous franchirons le Tigre et l'Euphrate et des monts
Innomés; côtoyant le désert, nos poumons
Se sentiront séchés au vent qui vient des sables;
Malgré notre savoir nous sommes périssables,
Et nous serons sans doute, avant d'entrer au port,
Brûlés par la douleur et frôlés par la mort!
Partons, mystérieux, dans cette nuit sublime;
Il semble qu'à ma voix notre étoile s'anime
Et que dans le saphir sombre du vaste ciel
Son œil resplendissant soit un muet appel!

ZAHER.

Nous te suivrons tous deux.

BALTHASAR.

                    Nous suivrons tous l'étoile;
Nous dormirons parfois sous les tentes de toile
Des pasteurs, et parfois aussi sous le ciel bleu.

MELCHIOR.

Nous irons avec toi.

BALTHASAR.

          Nous irons tous vers Dieu!

———

Deuxième Tableau

*Dans les montagnes, non loin du Liban, nuit bleue et calme. —
Grands horizons silencieux. — Les trois bergers Sahid, Meghiel
et Hédal occupent seuls la scène. Meghiel est d'âge mûr, Sahid
et Hédal sont jeunes.*

SAHID, déjà endormi, chante en rêvant.

Saison fleurissante et nouvelle,
O tiède saison qui viens d'embaumer,
Que ton parfum dise à ma belle :
C'est le temps d'aimer !

Petit oiseau, ta douce oiselle
Sur un olivier écoute tes chants :
Allez tous deux dire à ma belle
Que je suis aux champs !

Rivière à la course légère,
Qui t'en vas si loin, si loin te perdant...
Va là-bas dire à ma bergère,
Que mon cœur l'attend !

MEGHIEL.

Il chante son amour!

HÉDAL.

Il chante sa folie!

MEGHIEL.

Il rêve, et la chimère où son ardeur s'oublie
A toute la saveur d'une réalité.

HÉDAL.

C'est un homme entendu qui dort par volupté.
Le moment est venu, je vais faire de même,
Meghiel, et que je voie ou non celle que j'aime,
Je veux dans mon manteau m'étendre avec plaisir.
C'est vrai, mon pauvre corps n'a pas eu grand loisir :
Au hasard des buissons j'ai dû cueillir des baies,
Faire sécher des tas de figues sur les claies,
Puis visiter longtemps des vaches à guérir
Dont le lait, nécessaire à tous, allait tarir.

MEGHIEL.

Ne te plains pas, ami, si ta vie est trop belle.

HÉDAL.

Tu te moques.

MEGHIEL.

Non pas; le labeur qui t'appelle
N'a rien, à mon avis, qui te puisse affliger,
Car le sort le meilleur est celui du berger.

HÉDAL.

N'es-tu pas fatigué?

MEGHIEL.

Je veux veiller encore.

HÉDAL.

Bien longtemps?

MEGHIEL.

J'attendrai les rougeurs de l'aurore
S'il le faut, car je veux penser très longuement.
Je me sens envahi par le pressentiment
D'un mystère prochain et d'événements graves.

HÉDAL.

Ta liberté se crée à plaisir des entraves;

Tu contemples le ciel, tu sondes les lointains,
Tu te romps le cerveau de calculs incertains,
Au lieu de vivre au jour le jour, l'âme apaisée;
Pour moi, quand mes brebis dorment dans la rosée,
Je veux goûter aussi le calme du sommeil;
Et quand paraît au bas du ciel le jour vermeil,
Quand le chien vigilant près des chèvres aboie
Et s'étire dans l'herbe odorante avec joie,
Je veux me réveiller souriant et dispos,
Simple au fond de mon cœur ainsi que mes troupeaux.
Bonsoir!

MEGHIEL.

Bonsoir, Hédal! (Les contemplant.)
                    Ils sont heureux sans l'être!
Car ils ne veulent pas réfléchir et connaître
La science éternelle aux augustes douceurs.
Je veille... Les forêts aux sombres épaisseurs,
Les pins sans mouvement, les cyprès sans murmures,
L'air où les lilas blancs et les oranges mûres
Sèment avec lenteur leurs effluves aimés,
Dorment divinement sous les grands cieux calmés.
Pourtant je sens en moi palpiter quelque chose
Qui me dit d'espérer et d'attendre, et je n'ose,

Fuyant les sourds avis de cette intime voix,
Goûter le grand sommeil des plaines et des bois.

(Un silence.)

LA VOIX DE L'ANGE, lointaine.

Meghiel!

MEGHIEL.

J'entends au loin mon nom. Qui donc m'appelle?

LA VOIX DE L'ANGE, plus proche.

Meghiel!

MEGHIEL.

Dans l'azur flotte une forme réelle,
Un être de lumière à l'étrange beauté
Perçant de sa blancheur la bleue immensité.
Ah! je sens mes genoux se dérober, je tremble;
La joie et la frayeur m'envahissent ensemble.

(L'Ange s'est rapproché et Meghiel s'est agenouillé.
Les deux autres bergers dorment toujours.)

Ton serviteur est là, parle, qu'ordonnes-tu?
Je suis un homme agreste et de simple vertu,
Qui ne craint rien du ciel immense, étant un juste;
Mais je sens tressaillir tout mon être robuste
Devant ton pur mystère, ange doux et léger,
Que sans doute un Dieu fort a pris pour messager.

L'ANGE.

Que ton âme s'apaise et se rassure toute,
Je descends jusqu'à toi pour t'indiquer la route
Qui conduira tes pas vers un Dieu nouveau-né.
Marche vers Bethléem sans peur; il t'est donné
D'être parmi les bons, les obscurs ou les sages
A qui sont réservés les célestes messages...
Berger, devant mon corps subtil et radieux,
Ne sois pas ébloui, ne ferme pas les yeux,
Regarde sans trembler mon visage et mes ailes
Où scintille un reflet des splendeurs éternelles;
Rien ne te brûlera dans mes blancheurs de feu,
Ma lumière incarnée étant celle de Dieu.
J'ai dit.

MEGHIEL.

Son vol léger vers le ciel pur s'élance,
Dans la nuit parfumée il remonte en silence,
Et son corps transparent aux vaporeux sillons
Me laisse voir l'éclat des constellations.
(Appelant.)
Hédal! Sahid!... Toujours endormis. Leur pensée
Faiblissante aussitôt que leur corps est lassée.
Hédal! Sahid!

L.Mouchot.inv.

Imp.Lemercier,Paris.

HÉDAL.

Quoi donc? Il n'est pas jour encor.

SAHID.

Oui, que veux-tu de nous, Meghiel? La lune d'or
Au-dessus des plateaux ensommeillés s'étale.
Pourquoi nous réveiller d'une sorte brutale?
Les brebis sont en paix, les chiens n'ont pas bougé.
Vois-tu quelque péril? Qu'as-tu donc?

MEGHIEL.

      Ce que j'ai,
C'est qu'un ange est venu jusqu'à moi tout à l'heure.

HÉDAL.

Un ange?

MEGHIEL.

Un messager du Très-Haut.

SAHID.

      C'est un leurre!
Tu rêvais!

MEGHIEL.

Non, j'étais éveillé, j'en suis sûr.

L'ange blanc a plané très longtemps dans l'azur,
Et, c'est assez récent pour que je m'en souvienne,
Sa bouche m'a parlé comme parle la tienne.

SAHID.

Je n'ai rien entendu.

MEGHIEL.

Tu n'entends que la voix
De tes chiens, ou le cri des oiseaux dans les bois,
Et ton esprit sans aile est clos pour tout mystère
Qui pourrait t'arracher aux soucis de la terre!

L'ANGE, invisible et très loin.

Marche vers l'Occident, tu l'as promis, Meghiel!

MEGHIEL.

Écoute donc! La voix vibre encor dans le ciel
Et se perd lentement dans l'atmosphère immense.

HÉDAL.

Je te vénère trop pour croire à ta démence,
Mais je dois avouer n'avoir rien entendu.

SAHID.

Ton obstination me laisse confondu,
Meghiel, car tout repose autour de nous dans l'ombre,
Et les cèdres géants et les vignes sans nombre,
Et, là-bas, ces vallons si sombres et si grands
Qu'ils gardent pour eux seuls la voix de leurs torrents,
Et, plus loin, ces fonds noirs de forêts solennelles,
Et les pics du Liban aux neiges éternelles.

MEGHIEL.

Si vos yeux sont fermés et si vos cœurs sont sourds,
Je suis pourtant celui qu'on écoute toujours,
Ma sagesse connue ignorant le mensonge;
Et mon esprit que rien ne peut obscurcir, plonge
Dans une profondeur trop divine pour vous.
Oui, l'ange me parlait et j'étais à genoux...
En vous je verserai la foi qui me pénètre,
Car je sais qu'un enfant sublime vient de naître
Et qu'un Dieu, s'incarnant pendant que nous rêvions,
Attend à Bethléem nos adorations!
Devant vous, compagnons des montagnes, j'atteste
Que j'ai dit vrai. Devant cette voûte céleste
Où des astres en feu scintillent par milliers,
Devant ces horizons qui vous sont familiers

Et que vos grands aïeux gardèrent pour patrie,
Devant nos morts dormant sous la terre fleurie,
Je jure à haute voix, sans vous l'avoir prouvé,
Que je n'ai pas menti, que je n'ai pas rêvé.
N'en doute pas, Sahid, âme jeune et trop fière,
Esprit borné, captif encor dans la matière !
Hédal, n'en doute pas, cœur loyal et plus mûr,
Pour qui mon sentiment céleste est moins obscur :
Je connais qui je sers et je sais qui m'appelle,
Ma vision me vint d'une forme réelle,
Et ceux que courbera le respect qui m'est dû
Obéiront à Dieu sans l'avoir entendu.

HÉDAL.

Alors, qu'exiges-tu, Meghiel ?

MEGHIEL.

        Il faut me suivre
Vers cet enfant par qui l'Univers doit revivre,
Lui porter des présents qui soient dignes d'un roi
Et surtout, la suprême offrande, votre foi.

HÉDAL.

Mon âme frémissante à ton souffle s'élève

Comme la mer! Meghiel, tu n'as pas fait un rêve,
Et je suis moins surpris quand je viens à songer
Que le Ciel a choisi l'âme d'un vieux berger,
Une âme vénérable et sincère entre toutes,
Pour éclairer nos cœurs et terrasser nos doutes.

SAHID.

Si vous croyez tous deux, je veux bien croire aussi,
Car Meghiel, homme droit et bon, n'a pour souci
Que la vertu modeste et la sagesse vraie.
Oui, c'est toi le bon grain, Meghiel, c'est moi l'ivraie,
Et rempli tout à coup de joie et de clarté,
Je me sens bien meilleur pour t'avoir écouté.

MEGHIEL.

N'attendons pas le jour pour nous mettre en voyage.
Les bleus rayons diffus de la nuit sans nuage
Dans l'ombre des chemins déserts nous guideront.
Toi, Sahid, le plus jeune, et partant le plus prompt,
Prépare nos présents, les fruits les plus suaves.
(A Hédal.)

Toi, va dire aux bergers voisins les causes graves
Qui nous font, cette nuit, partir si promptement,
Et mande-leur à tous ce grand événement

Qu'à Bethléem le Dieu qu'on attend vient de naître,
Et, comme nos troupeaux demain seront sans maître,
Ajoute que Meghiel les confie à leur soin,
Car aux lueurs du jour nous serons déjà loin.

SAHID.

Oh! dis-moi que bientôt nous reviendrons. Pardonne
Au sincère parler d'un cœur qui s'abandonne,
Mais je pense, et c'est là mon unique souci,
A la fille que j'aime et que je laisse ici.
Si grand que soit l'orgueil de ma tâche sacrée,
Un éternel lien me fixe à la contrée
Où près d'un clair torrent j'ai deviné l'amour,
Et je ne puis partir sans esprit de retour!

MEGHIEL.

Enfant, tu reviendras et, plus heureux encore,
Tu reverras le cèdre et le torrent sonore
Près desquels tu vécus dans un rêve enivrant;
Un devoir accompli fera ton cœur plus grand,
Un peu d'éloignement redoublera ta flamme,
Ne doute pas de Dieu puisque Dieu te réclame,
Nul ne s'est repenti de l'avoir écouté.

LA VOIX DE L'ANGE, très lointaine.

Dieu vous accueillera dans son éternité,
Si vous aimez son Fils, si vous servez sa cause.
Partez, n'attendez pas que l'Orient soit rose.
Allez en paix !

MEGHIEL.

Oui, l'ange a parlé.

HÉDAL.

C'est sa voix,
Je l'ai bien entendue! Ah! Meghiel, cette fois,
Je suis plus que jamais sûr de toi.

SAHID.

Moi de même.
J'ai regardé le ciel là-haut, sans y rien voir,
Mais j'ai compris la voix, et je sais mon devoir.

MEGHIEL, s'agenouillant avec les deux bergers.

Oui, nous irons vers toi dans l'ombre solennelle,
Enfant dont le prestige infini nous appelle
A travers les vallons dans la brume plongés;
Dieu dont la majesté jusqu'ici nous pénètre,

Notre cœur t'est fidèle avant de te connaître,
        Dieu des pauvres, Dieu des bergers!

Nous quittons sans regret nos libres pâturages
Et nos monts escarpés bien connus des orages,
Et mes amis vont croire après avoir douté;
Excepté le divin, tout n'est qu'une chimère,
Et nous allons offrir notre hommage éphémère
        A ta jeune immortalité!

Troisième Tableau

HÉRODE.

Je suis roi de Judée, et c'est presque un empire !
Ah ! comme le pouvoir vous ronge ! tout conspire
Contre la majesté sombre de mes vieux ans !
Pourtant, si je suis las, si mes bras languissants
Ont perdu pour jamais leur première souplesse,
Mon farouche vouloir s'exerce sans faiblesse.
J'ai fait périr ma femme et mes deux fils ; leur sang
M'appartenait ; j'ai dû frapper maint innocent
Par la nécessité des larges hécatombes ;
Mais le pouvoir royal est une fleur des tombes !
Castobare, Alexandre, Aristobule, Hyrcan,
Mariamne ! vos morts m'ont vengé !... Chanaan,
Terre où frémit l'esprit insurgé de Moïse,

Il faut que ton orgueil contre le mien se brise;
Auguste, dont je suis le sceptique flatteur,
Me traite en allié, non pas en serviteur,
Car ma sagacité lui fit bâtir un temple.
Oui, mon cœur est plus dur, mon prestige plus ample,
Et quand viendra la mort, je veux, même en mourant,
Être plus redoutable et me sentir plus grand!

Entrée de la Reine.

LA REINE, timide.

Maître!

HÉRODE.

Que veux-tu donc? Oh! l'épouse dolente
Qu'on voit toujours ici rôder en postulante!
Vas-tu pour des captifs implorer ma pitié?
Pourquoi? Ma haine veille et n'a rien oublié!

LA REINE.

Des messagers sont là, venus de Galilée,
D'autres du mont Thabor, d'autres de la vallée
D'Éphrem.

HÉRODE.

Que veulent-ils? Qu'ils entrent!

Entrée des Paysans.

UN PAYSAN.

                              Nous voici
Devant toi prosternés et pâles de souci;
Mais ne t'irrite pas d'avance, ô notre maître,
Car c'est en suppliants que tu vois apparaître
De pauvres laboureurs déshérités du Ciel,
Impuissants à payer leur tribut annuel!
O roi, si tu n'as pas pitié de nos misères,
Si nos labeurs courbés et nos plaintes sincères
Ne peuvent attendrir, en cet instant cruel,
Ton cœur que nous croyons loyal et paternel,
La prison nous fera, certes, encor moins riches,
Car les champs, délaissés par nous, seront en friches!
Hérode, nous avons espoir en tes bontés,
Et nous te supplions ici d'être exemptés
De ce terrible impôt dont le poids nous accable :
La loi qu'Hérode a faite est par lui révocable!

HÉRODE.

Je suis lassé des Juifs, n'attendez rien de moi,
A l'égal de mes dieux je respecte ma loi;
Pour vous j'ai rebâti superbement le temple
Que toute la Judée avec orgueil contemple
Comme un éblouissant et monstrueux trésor;

Les portes sont de bronze, et les colonnes d'or,
Et les vasques d'airain, l'autel du sacrifice,
Tout surprend comme un songe en ce vaste édifice
Qui monte solennel et lourd dans le ciel bleu
Et devrait assouvir l'orgueil de votre Dieu!
C'est lui qu'il faut prier et non pas moi; vos prêtres
Égorgeront suivant le rit de vos ancêtres
D'agréables chevreaux ou des brebis de choix,
Mais je n'ai rien à voir en tout ceci; les lois
Que j'ai faites pour vous devront être observées.
Allez, Juifs! vos espoirs sont des choses rêvées;
Vous demeurez mon bien à toute heure du jour;
En invoquant ici mon paternel amour
N'attirez pas sur vous ma main appesantie,
Et ne réveillez pas le père qui châtie!

LE PAYSAN.

Maître!...

HÉRODE.

      Payez l'impôt. C'est le conseil du roi,
Et l'avis que je donne est toujours une loi.
Allez!

(Ils sortent.)

LA REINE.

Vous êtes dur pour tous ces misérables,
Maître! je crains, hélas! que les cœurs vulnérables
S'insurgent tout à coup contre votre rigueur!

HÉRODE.

Je maudis chaque jour ton zèle harangueur,
Et je t'engage fort à prendre pour toi-même
Ce que je viens de dire aux autres! Si je t'aime,
Tu sais que ma tendresse est sujette à retour
Et qu'avec moi la haine est bien près de l'amour.
Laisse-moi seul!   (La reine sort.)
          C'est vrai! la plèbe m'exaspère;
Et la famille aussi!... Mon royaume est prospère,
Des rivages de l'ouest jusqu'aux déserts brûlés,
Les Juifs, à mon seul nom, de terreur sont troublés!
Que me faut-il encor?... Rien, excepté, peut-être,
Des provinces de plus dont je serais le maître,
Car César pourrait bien récompenser celui
Par qui cette Judée est si forte aujourd'hui!
                    (Tumulte au dehors.)

DES SOLDATS.

On ne pénètre pas!

HÉRODE.

Qui donc force l'entrée?

UN SOLDAT.

Des voyageurs venus de la vaste contrée
Qui s'étend au delà des sables et des monts;
Étrangement vêtus, portant d'étranges noms,
Ils veulent vous parler d'une chose très grave;
Leur obstination nous résiste et nous brave.

HÉRODE.
Ils sont armés?

LE SOLDAT.

                Non pas, ils ont plutôt l'aspect
De prêtres. Leur visage impose le respect,
Et je les crois venus en mission secrète.

HÉRODE.

Soit. Je veux bien leur faire accueil. Mais qu'on s'apprête
A surveiller de près leurs moindres mouvements.

Entrée des trois Mages.   (On introduit les Mages.)

BALTHASAR.

Hérode, tes desseins doivent être cléments,
Car nous aimons la paix et nous sommes sans haine.

HÉRODE.

D'où venez-vous?

BALTHASAR.

Du fond d'une terre lointaine,
La Perse!

HÉRODE.

Quel motif vous amène?

BALTHASAR.

Grand roi,
Nous n'apportons ici ni le deuil ni l'effroi;
Après les durs périls d'une très longue route,
Nous venons saluer humblement...

HÉRODE.

Moi, sans doute?

BALTHASAR.

Oui, certes, toi d'abord...

HÉRODE.

Et qui donc après moi?

BALTHASAR.

Celui que nos regards cherchent en vain.

HÉRODE.

Pourquoi

Cette parole étrange où je sens un mystère?

BALTHASAR.

Écoute-moi! Je suis un mage solitaire
Dont la science auguste est le plus pur amour;
Mes amis que voici partagent mon séjour
Dans un vallon où nul profane ne pénètre;
Or, j'ai su qu'en Judée un Dieu venait de naître,
Car dans les profondeurs du couchant avait lui
Une étoile aux feux d'or qui nous guidait vers lui.
Debout dans notre orgueil et dans nos espérances,
Nous avons supporté d'innommables souffrances,
Et nous croyions le but près de nous, quand, un soir,
Notre étoile a paru mourir dans le ciel noir,
Et depuis nous errons partout, pleurant le guide
Dont l'éclat scintillait au fond du ciel limpide.
Or, nous avons pensé, dans notre abattement,
Que toi seul tu pouvais, en ce cruel moment,
Nous dire quel palais, quelle ville s'honore
D'abriter l'Enfant-Dieu que nous cherchons encore.

HÉRODE.

Est-ce un fou qui me parle ainsi?

BALTHASAR.

C'est un rêveur
Dont la science exacte inspire la ferveur,
Et, sûr des vérités que ma bouche prononce,
T'ayant interrogé, j'attends une réponse.

HÉRODE.

Je suis, moi, le seul roi de mon royaume entier,
Mon fils Archélaüs est mon seul héritier,
Et ma race royale à lui s'est arrêtée.

BALTHASAR.

L'enfant dont je te parle est Dieu!

HÉRODE.

Je suis athée,
Et ta religion ne trouble pas mon cœur.

BALTHASAR.

Pourtant, ce nouveau-né doit être le vainqueur
Des lois que vous forgez et des Césars de Rome;
Et le vieil univers pliera devant un homme.

Ne t'étonne donc pas que nous venions ici
Pour l'adorer d'abord et le servir aussi.

HÉRODE.

C'est donc en menaçant que tu parles?

BALTHASAR.
Peut-être !
Je suis le serviteur qui vient chercher son maître,
Mais ce maître éternel est au-dessus de tous,
Et toi-même devras plier les deux genoux
Devant cette âme à peine éclose, où dort un monde!

HÉRODE.

Sais-tu que tout frémit quand ma colère gronde ?
Sais-tu que des Hébreux je dispose à mon gré ?
Ah! si ta voix s'élève encor, je châtierai
Ton audace insultante et folle autant qu'étrange.
Le Ciel même se tait quand Hérode se venge!

ZAHER.

Roi des Juifs, nous venions demander simplement
A votre clairvoyance, à votre cœur clément,
D'être guidés tous trois vers l'obscure contrée
Où naquit cet enfant, âme à jamais sacrée.

HÉRODE, à part.

S'ils disaient vrai, pourtant? On conspire toujours
Autour de moi. Les murs de Jéricho sont sourds
Aux grondements lointains de ce peuple rebelle,
Et l'obstination des Mages me rappelle
Qu'il faut veiller sur moi sans trêve ni merci;
J'ai fait de mon pouvoir un éternel souci,
Je ne faillirai pas à l'heure solennelle
Où le froid des vieux ans à mon ardeur se mêle,
Je saurai quel rival on prétend m'opposer,
Ma colère ose tout quand on veut trop oser,
Et de mon ennemi brisant l'être éphémère
J'écraserai l'enfant sur le sein de sa mère!

BALTHASAR, à part.

Comme il est inquiet!

ZAHER, à Balthasar.

      Comme il devient songeur!
Notre calme constant retrouve sa faveur.

BALTHASAR.

J'en doute. Et dans ses yeux je vois luire sa rage
Comme des éclairs d'or sur un ciel noir d'orage.
Je crains...

HÉRODE, aux soldats.

Allez, soldats, amenez au plus tôt
Les sacrificateurs et les scribes. (A part.) Il faut
Qu'à mon savoir profond leur grand savoir s'ajoute,
Et qu'éclairé par eux sur les faits dont je doute,
Mon invincible cœur montre une volonté
Digne de mon prestige et de ma royauté.

Entrée des Scribes et des Sacrificateurs.

LE PRINCE DES SCRIBES.

O vénérable roi, nous connaissons la cause
De ton désir.

LE GRAND SACRIFICATEUR.

Le fait est précis, et l'on n'ose
Contester l'évidence et nier le réel.
Le Christ, enfant divin, est né dans Israël.

HÉRODE.

Il est né, dites-vous? Où donc? Dans quelle ville?
Répondez!

LE PRINCE DES SCRIBES.

Bethléem est son premier asile.
Les prophètes aimés l'avaient dit avant nous :

Des peuples, devant lui, tomberont à genoux;
Le trône de David sera le sien, sa vie
Aux volontés de Dieu sera tout asservie,
Il ira, le front calme et l'esprit indompté,
Revêtu de justice et ceint de vérité!

HÉRODE.

Vous n'avez pas menti?

LE PRINCE DES SCRIBES.

Nous le jurons sans crainte.

HÉRODE, aux Sacrificateurs.

Et vous?

LE GRAND SACRIFICATEUR.

Nous le jurons aussi. Nulle contrainte
Ne pourrait nous forcer à parler autrement;
Dieu nous en est témoin!

HÉRODE.

J'accepte le serment.

Allez!
(Ils sortent. Hérode retient le mage
Balthasar seul et lui dit :)

Écoute-moi, très respectable Mage,

Je ne suis pas celui que vous croyez : l'hommage
Que pour l'Enfant divin ta ferveur réclamait,
Je crois que mon orgueil repentant s'y soumet.
Oui, vos intentions me paraissent très sages,
Je doute beaucoup moins des célestes présages
Qui vous ont fait venir de si loin parmi nous,
Et, baigné malgré moi d'un sentiment plus doux,
Je voudrais tout au moins, comme ferait un sage,
De ma présence auguste honorer le voyage !

BALTHASAR, menaçant et superbe.

Non, tu ne viendras pas ! Balthasar le défend :
Je connais ta pensée à l'égard de l'Enfant,
Et j'ai lu dans ton cœur aux inutiles voiles
Comme je lis parfois dans les feux des étoiles !

HÉRODE.

J'appelle mes soldats !

BALTHASAR, avec le geste imposant du magnétiseur.

                        Je commande à ta voix
De se taire ; — je sais encor, comme autrefois,
Projeter mon pouvoir secret sur l'âme humaine,
Étouffer l'injustice et terrasser la haine !

HÉRODE, suppliant.

Balthasar!

BALTHASAR.

J'ai tué ta vieille liberté!

HÉRODE.

Ton vouloir m'envahit! ton regard m'a dompté!
Va-t-en!... va-t-en!... ma force expire!... ma parole
S'éteint : je cherche en vain mon esprit qui s'envole!

BALTHASAR.

Mon effluve sacré sur toi s'est répandu,
Hérode! un châtiment silencieux t'est dû :
Le voici!

HÉRODE, terrassé par la volonté du Mage, d'une voix éteinte.

Misérable! au secours! ah!...

BALTHASAR.

                              Si grande
Que soit ta volonté royale, je commande
A tes yeux qui sur moi se sont fixés, hagards,
D'obéir au prestige ardent de mes regards!

Sois docile et muet!... C'est bien!... Marche en arrière!

(Hérode obéit.)

Penche-toi lentement comme pour la prière!

(Hérode obéit.)

Le voilà donc, celui que rien n'avait courbé!
Le Mage sous un geste en fait un roi tombé!
Tu m'entends bien toujours, n'est-ce pas?

HÉRODE, d'une voix sombre.

Je t'écoute.

BALTHASAR.

Mon ordre est clair : renonce à marcher sur la route
De Bethléem!

HÉRODE.

C'est dit, je ne te suivrai pas!

BALTHASAR.

Dans le bleu de la nuit s'éloigneront nos pas;
Accompagné des miens, je m'en irai tranquille
A travers les chemins ténébreux, vers la ville
Où dort divinement l'Enfant mystérieux.
Pour toi, ne pensant plus à ta haine, oublieux

E. Trochsler del.

Imp Lemercier. Paris.

Du crime que rêvait ta farouche espérance,
Tu diras sans effort, et beau d'indifférence,
A qui te parlera de Jésus, en ce jour :
« Les Mages sont partis et j'attends leur retour! »

HÉRODE.

J'obéirai!

BALTHASAR.

Pendant que, dompté par le Mage,
Tu resteras ici, calme, trompeuse image
Du repos, et le cœur rongé de vœux déçus,
Nous irons adorer en paix l'Enfant Jésus.
Tu seras effrayant au réveil, mais je pense
Qu'alors notre courage aura sa récompense,
Et que nous serons saufs en étant loin de toi...
J'ai fini, ton orgueil a râlé sous ma loi;
Reste là, les genoux au sol, comme en prière.

(Il s'éloigne.)

Nos cœurs en liberté s'en vont vers la lumière!

(Il sort.)

Entrée de la Reine.

LA REINE, regardant Hérode.

Jamais je ne l'ai vu prier tout seul, ainsi.
Hérode!... Qu'a-t-il donc? Quel trouble l'a saisi?

Je n'ose cependant l'interroger; la crainte
De son courroux me force à demeurer contrainte.
Je tremble devant lui malgré tout mon amour!

HÉRODE, en extase.

Les Mages sont partis et j'attends leur retour!
Entrée du Prince des Scribes.

LE PRINCE DES SCRIBES.

Maître, les étrangers venus sur votre terre
Ont quitté Jéricho, tous trois, en grand mystère
Et sans avoir voulu demeurer jusqu'au jour.

HÉRODE, toujours en extase.

Les Mages sont partis et j'attends leur retour!
Entrée du Grand Sacrificateur.

LE GRAND SACRIFICATEUR.

Maître, un de nos devins réputé le plus sage
A trouvé tout à l'heure un sinistre présage
Dans quatre moutons noirs par lui-même égorgés.
Je crois très fermement ces Mages étrangers
Tout prêts à menacer votre royal prestige,
Et le souci de votre autorité m'oblige
A venir vous parler tout à coup, sans détour!...

HÉRODE, toujours à genoux.

Les Mages sont partis et j'attends leur retour!

LA REINE.

Sous quel vent de folie a-t-il courbé la tête?
Mon âme brusquement devenue inquiète
S'étonne de le voir si longtemps prosterné.

LE PRINCE DES SCRIBES.

Hérode, garde-toi! L'Enfant royal est né
Qui veut bouleverser les bases du vieux monde!
Il faut que ton audace à l'imprévu réponde!...

. HÉRODE.

Allez! ne troublez pas la paix de mon séjour!
Les Mages sont partis et j'attends leur retour!

(Ils s'éloignent avec terreur d'Hérode, qui
reste en extase.)

Quatrième Tableau

LA CRÈCHE

*Saint Joseph et la Vierge sont assis l'un près de l'autre, non loin
du bœuf, de l'âne et du maître du logis.*

CHŒUR D'ANGES, invisible.

Portant des lis avec des palmes
Cueillis au céleste jardin,
Nous saluons, brillants et calmes,
Jésus au sublime destin.

Bercé par la chanson des anges,
L'enfantelet dort dans ses langes,
Sur la paille, au fond d'humbles granges,
Noël!

Et nos ailes aux larges plumes,
Aussi blanches que des écumes,
Frissonnent au loin dans les brumes
Du ciel.

LE MAITRE DU LOGIS, s'approchant de la Vierge.

Que vous faut-il de plus, pauvre femme?

LA VIERGE.

Je n'ose

Vous demander encore un peu de lait.

LE MAITRE DU LOGIS, empressé.

La chose

Est faite. Malgré tout, mon hospitalité
Est beaucoup moins plaisante en hiver qu'en été.
Voici pourtant déjà quelques nouvelles figues;
On vient de les cueillir, nos vergers sont prodigues,
Car décembre nous fut très clément; vous avez
Des raisins de ma vigne assez mal conservés,
Mais n'allez pas au moins en accuser votre hôte!
Excusez simplement mon grenier, c'est sa faute :
Pénétré par la pluie et battu par le vent,
Il me laisse pourrir mes fruits assez souvent.

LA VIERGE.

N'ayez pas de souci. Quand la pensée est bonne,
Un peu de négligence aisément se pardonne.

SAINT JOSEPH.

Et du reste, après tout, nous sommes chaudement
Dans cette bienfaisante étable, et mêmement
On est moins bien traité dans une hôtellerie
De Bethléem; c'est vrai, qu'en pensez-vous, Marie?

LA VIERGE.

Vous avez grand'raison, je dirai comme vous.
Vous êtes mon ami, vous êtes mon époux
Et vous avez guidé mes pas avec sagesse.

LE MAITRE DU LOGIS, continuant à ranger dans l'étable.

Chers voyageurs, je fais pour le mieux; ma largesse
N'a vraiment pas de quoi s'exercer envers vous,
Mais vous êtes, je crois, des gens simples et doux,
Votre reconnaissance est facile et sincère,
Et votre bienveillance accepte ma misère.
Ah! ce recensement voulu par les Romains,
Quelle idée inutile et drôle! Les chemins
Encombrés! Les labeurs suspendus! La contrée
A cet événement n'était pas préparée.
César voulait savoir le nombre des Hébreux!
A quoi bon? Sera-t-il, sur ma foi, plus heureux
Quand on lui comptera, là-bas, combien nous sommes?

Je le crois fermement pareil aux autres hommes,
Et quand il sera mort, si je calcule bien,
De tout ce qu'il avait il n'emportera rien.
Oui, mon âne et mon bœuf me paraissent plus sages
Que lui. Nul ne les trouble encore, et les usages
N'exigent toujours pas, dans ces temps insensés,
Qu'ils soient ainsi que nous par César recensés.

LA VIERGE.

Oui, mon hôte, ce sont pour nous de bonnes bêtes,
Je vois sans déplaisir leurs langues toujours prêtes
A lécher mon petit enfant avec douceur.

LE MAITRE DU LOGIS.

Le bœuf est un peu bête et l'âne un peu farceur,
Mais tous deux sont contents de la même pâture,
Et chacun dans le fond a très bonne nature.

LA VIERGE.

Je pense que l'enfant veut s'endormir.

LE MAITRE DU LOGIS.

Après
Un tel voyage en plein hiver, moi je ferais

Wenckor del.
Imp Lemercier, Paris.

De même; les enfants, cette règle est notoire,
Quand ils ne pleurent pas, doivent dormir ou boire.

BERCEUSE DE LA VIERGE.

Dors sans berceau, dors, mon Jésus,
Porté dans les bras de ta mère,
Ignorant quels espoirs déçus
Te prépare la vie amère,
O petite âme, ô doux Jésus!

Il fait si bon dans cette étable,
On est chez de si braves gens!
Un tel accueil est délectable
Quand il nous vient des indigents;
Mieux qu'un palais plaît leur étable.

Dors, mon petit, jusqu'à demain!
Mon amour seul doit te suffire;
Tu n'as pour berceau que ma main,
Et moi je n'ai que ton sourire
Pour éclairer mon lendemain!

L'amour éternel dont je t'aime
M'est plus doux que le plus doux miel;
Puisque tu me viens de moi-même
Et que tu viens aussi du Ciel,
C'est divinement que je t'aime!

LE MAITRE DU LOGIS.

La nuit se tait. Tout est bien clos, la paille est fraîche.

8

Je vais vous saluer et rien ne vous empêche
De causer à présent en toute liberté,
Car je m'en vais dormir dans ma grotte, à côté.

SAINT JOSEPH.

On a frappé.

LE MAITRE DU LOGIS.

Qui donc peut venir à cette heure?
Je vous croyais si bien cachés dans ma demeure!
Entrée des Bergers.

LE MAITRE DU LOGIS.

Hommes, que voulez-vous?

MEGHIEL.

Nous sommes des bergers;
Dans cette nuit d'hiver depuis longtemps plongés,
Nous cherchions, à travers les champs, de porte en porte
(Car la foi qui nous a guidés nous réconforte),
Le tout petit enfant nommé Jésus, celui
Qu'il nous fut ordonné d'adorer aujourd'hui.
Notre pieux souci n'est pas une chimère,
Le père a nom Joseph, et Marie est sa mère.

SAINT JOSEPH.

Celui que vous cherchez est ici devant vous.

MEGHIEL.

Enfant mystérieux, nous plions les genoux,
Nous atteignons le but, nous touchons notre rêve :
Le voyage entrepris divinement s'achève
Puisque nous contemplons dans son humilité
Le Dieu d'où sort la vie et d'où vient la clarté!

LE MAITRE DU LOGIS.

Un Dieu! je n'en crois pas mes oreilles!

MEGHIEL.

Brave homme,
Il faut t'agenouiller devant celui qu'on nomme
Jésus; sa pauvreté n'a rien que d'apparent,
Et cet obscur logis le fait encor plus grand!

SAHID, à la Vierge.

Voici tous mes présents, Mère très respectable,
De beaux fruits parfumés cueillis nouvellement.
Si pauvre que tu sois, Jésus, dans cette étable,
Nous sommes devant toi, comme il est équitable,
Courbés par la prière et le recueillement.

HÉDAL.

Je vous offre à mon tour, ô Mère vénérée,
Une douce toison pour le petit enfant;
Cette laine touffue et par moi préparée
Vient du plus beau mouton de toute la contrée;
Contre le froid des nuits sa tiédeur nous défend.

MEGHIEL.

J'ai grand plaisir à vous donner ces outres, pleines
D'un bon vin récolté sur nos coteaux lointains;
Quand le brumeux décembre a refroidi les plaines,
Ce vin ranime en nous, par ses chaudes haleines,
Les étés disparus et les soleils éteints.

LA VIERGE.

Soyez loués par moi devant Dieu, notre Maître,
Pasteurs simples et doux aux bonnes volontés,
J'ai l'espoir que, plus tard, celui qui vient de naître,
Vous tenant pour de vrais amis, voudra connaître
Ceux qui nous ont servis dans nos anxiétés.

LE MAITRE DU LOGIS.

Mes hôtes, pardonnez à ma noire ignorance,
Je fus trop familier et trop simple envers vous!

Vous ai-je pas blessés par mon irrévérence,
Moi qui devais toujours vous parler à genoux?

SAINT JOSEPH.

Chasse de ton esprit toute inutile crainte,
La bonté naturelle en ton âme est empreinte,
Ton généreux accueil de brave homme est meilleur
Qu'une vaine prière aux regards du Seigneur,
Relève-toi!

LE MAITRE DU LOGIS.

Mon Dieu! j'entends des pas encore.
Qui peut venir?

Entrée des Mages.

BALTHASAR.

Salut, ô Christ! Divine aurore
Que les Mages cherchaient dans une vaste nuit!

ZAHER.

Notre cœur devant toi tremble et s'épanouit!

BALTHASAR.

Nous te trouvons enfin après des jours sans nombre!

MELCHIOR.

Nos yeux sont éblouis!

ZAHER.

Notre âme sort de l'ombre!

BALTHASAR.

Nous arrivons du fond des pays étrangers,
Le savoir des penseurs et la foi des bergers
Sont en nous; une étoile au ciel noir allumée
Nous précédait toujours de sa lueur aimée,
Nous frémissons, perdus dans un même transport,
Comme des naufragés que la mer lance au port!

LA VIERGE.

Puisque vous êtes là, Dieu ne m'a pas quittée;
Dans cet humble logis par le hasard jetée,
Je me croyais bien loin de tous regards humains,
Mais les bergers pieux ont trouvé les chemins,
Et les Mages comme eux ont deviné l'étable.

MELCHIOR.

Salut encor! clarté céleste et véritable,
Enfant dont nos regards cherchaient avec ardeur
L'humilité divine et la pure splendeur!

BALTHASAR.

Notre foi te bénit, notre savoir t'admire,
Toi que depuis longtemps appelait notre vœu;
Nous t'apportons ici l'or, l'encens et la myrrhe,
Car l'or se donne aux rois, l'encens se donne à Dieu!

Et la myrrhe... — faut-il, hélas! qu'on parle d'elle? —
Est le parfum choisi pour embaumer les morts,
Et nous vous rappelons, parlant à des cœurs forts,
Que la douleur terrestre est votre sœur fidèle.

Si j'ai bien lu ton vaste avenir, frêle enfant,
Dans les livres obscurs des grandes destinées,
J'y vois en même temps des peines obstinées,
Et la claire splendeur d'un règne triomphant!

O Mère vénérable où palpite un cœur tendre,
Vierge mystérieuse où Dieu s'est incarné,
Ne crains pas que ma voix sombre te fasse entendre
Des lamentations sur ton doux nouveau-né.

Je sais qu'il souffrira, je devais te le dire,
Tu le sais avant moi peut-être, car le Ciel
N'a pas voulu qu'un être humain fût immortel
Sans avoir le sanglant baptême du martyre!

Mais n'en va pas gémir, femme, car les malheurs
Sont l'épreuve sacrée où s'épure le Juste,
Et du ruissellement douloureux de nos pleurs
L'âme sort plus sereine et le cœur plus auguste!

(Se tournant vers l'enfant.)

Accueille nos ferveurs, toi que nous adorons
Comme un être émané des splendeurs éternelles;
Et si le saint respect fait s'incliner nos fronts,
Notre divin amour donne à nos cœurs des ailes.

MELCHIOR.

Nous te prions!

ZAHER.

Nous te louons!

BALTHASAR.

Nous t'adorons!

LA VIERGE, à Balthasar.

Mage! ta voix sublime a remué mon âme,
Mais, servante du Ciel, j'ai le cœur d'une femme.
Et les sombres avis que de toi j'ai reçus,
Me font déjà trembler pour mon petit Jésus.
Je sais obscurément qu'en sa tâche sublime,

De sa grandeur native il deviendra victime,
Et sans jamais vouloir offenser Dieu, ma voix
Vers le Maître s'élève et murmure parfois :

O vous qui pouvez tout sur terre, ô Roi du monde,
Laissez-moi bien longtemps ma pauvreté profonde,
Et mon petit jardin et mon champ de labour!
Et permettez, touché d'une pitié céleste,
Que jusqu'à mes vieux jours mon doux enfant me reste,
Soutenant ma faiblesse et sûr de mon amour!

Épargnez à Jésus la haute renommée;
Que les contours connus de la montagne aimée
Soient avec Nazareth son unique horizon!
Que notre petit bien soit par lui plus prospère,
Qu'il sème encor le champ qu'avait semé mon père,
Mon rêve de bonheur se borne à ma maison.

BALTHASAR.

Le rêve le plus long est un souffle éphémère,
Le désir est une ombre, et Dieu seul est réel!
Et les vœux les plus purs de la plus sainte mère
Effleurent vainement son vouloir éternel!
Adieu, Jésus!

MEGHIEL.

Adieu, Marie!

BALTHASAR.

Adieu, seul maître!

MELCHIOR.

Sur vous et sur l'enfant divin, veillez toujours!

BALTHASAR.

Le péril le plus grand aime à nous apparaître,
Quand l'endormeuse paix règne dans nos cœurs sourds.

Sortie des Mages et des Bergers.

LE MAITRE DU LOGIS, à part.

Je n'ose plus parler, car le respect m'accable,
J'accepte le mystère encore inexplicable,
Je ne dormirai pas, tant je suis étonné
D'avoir vu Dieu lui-même en ce doux nouveau-né!

(Il sort.)

SAINT JOSEPH, avec sollicitude.

Ne soyez pas songeuse et muette, ma femme.

LA VIERGE.

Je berce encor l'enfant, et, dans ses yeux fermés,
Je crois voir la douceur de ses regards aimés.

SAINT JOSEPH.

Le sommeil vous est dû, le repos vous réclame.

(Joseph va pour s'endormir, tandis que la Vierge est
encore, à gauche de la scène, occupée à bercer son
enfant. Il s'arrête alors tout à coup et murmure :)

On vient de m'appeler! Oui, j'ai bien entendu,
Et la voix vient de loin, ainsi qu'un cri perdu
Dans la montagne... Allons dehors...

UN ANGE se montre au fond, à droite, et lui dit :

Joseph!... Arrête!
Regarde là! Tu vois Hérode!

(Derrière la toile de fond, devenue transparente, Hérode
apparaît, dans la même attitude de prière qu'aupa-
ravant, au milieu de son palais.)

Son courroux
A bouillonné, sa main de vieillard sera prête
A vous faire porter d'impitoyables coups!

(Joseph reste en extase, et la Vierge, le dos tourné, berçant
son enfant, ne voit rien de cette scène.)

HÉRODE.

Non! non! c'est malgré moi que je répète encore :
Les Mages sont partis et j'attends leur retour!

Ma volonté renaît, mon orgueil me dévore,
Je vais briser enfin l'enchantement d'un jour.

Ne pliez plus ainsi, mes genoux! La prière
Ne doit jamais sortir de mes lèvres de roi,
Mon regard souverain doit ignorer l'effroi,
Et ma fierté bondit d'être allée en arrière!

Debout! debout! Le charme est rompu! c'est fini!
A moi, vous tous! à moi, soldats, bourreaux, esclaves!
Le Mage sacrilège est encore impuni,
Mais le lion royal déchire ses entraves!

Allez partout! tuez les trois Persans! saignez
L'Enfant que l'on adore en Bethléem! Que dis-je?
Pour raviver l'éclat tremblant de mon prestige,
Empourprez les ruisseaux du sang des nouveau-nés!

Frappez la mère au sein quand son regard implore!
Le pouvoir à venger n'admet pas d'innocent
Quand il veut écraser l'usurpateur naissant;
Son crime est d'être roi lorsque je règne encore!

(La vision disparaît.)

L'ANGE.

N'attendez pas! fuyez en Égypte!
(Il disparaît à son tour.)

SAINT JOSEPH, avec un grand cri.

Mon Dieu!

LA VIERGE.

Qu'avez-vous donc?

SAINT JOSEPH.

Le Ciel vient m'avertir. C'est l'heure,
Notre logis devient un redoutable lieu,
Car le roi des Hébreux veut que notre enfant meure!

LA VIERGE.

Qui vous l'a dit?

SAINT JOSEPH.

Un ange a parlé.

LA VIERGE.

Mon enfant!
Toi mourir! Mes genoux tremblent! Mon cœur se fend!

SAINT JOSEPH.

Partons silencieux, sans rien dire à notre hôte!
A travers les grands bois obscurs gagnons la côte,

Allons chercher pour nous et pour l'enfant chéri,
Au fond des oasis, près du Nil, un abri!

LA VIERGE.

Mon Dieu! vous me percez le cœur de votre glaive!
Le Mage avait raison en pleurant sur mon rêve
Où Nazareth en paix souriait dans les blés!
A peine quittons-nous la maison paternelle
Que le vent du malheur nous arrache loin d'elle,
Et sans lui dire adieu nous sommes exilés!

Et pourtant, ô Jésus, si mon âme est meurtrie,
Toi seul es le passé, toi seul es la patrie!
Ma vie est suspendue aux lieux où tu vivras!
Jésus! mon univers palpite dans toi-même,
J'ai tout, puisque tu vis toujours, puisque je t'aime!
J'emporte mon bonheur qui sourit dans mes bras!

Cinquième Tableau

LA FUITE EN ÉGYPTE

Le désert pendant la nuit. — Au premier plan, le Sphinx de pierre.
La Vierge et Saint Joseph, avec l'Enfant, arrivent exténués.

LA VIERGE.

Je ne pourrais aller plus loin!

SAINT JOSEPH.

              Toujours le sable!
L'horizon devant nous recule, infranchissable,
La soif nous désespère et la faim nous réduit :
Je voudrais que ce fût notre dernière nuit!

LA VIERGE.

Puisque Dieu l'a voulu, sachons rester sans plainte,
La douleur n'est plus rien quand une cause est sainte,

J'accepte la souffrance, arrêtons-nous... Prions
Avant de sommeiller ici, sous les rayons
Des étoiles sans nombre et de la lune amie.
O mon petit enfant, douce tête endormie,
Jusqu'au lever du jour, dans mes bras, reste ainsi,
Ton réveil douloureux serait notre souci !

(Le chant du Chamelier se fait entendre au loin.)

LE CHAMELIER.

Sous l'immense azur étoilé,
Plein de mystère et de silence,
Mon chameau pensif se balance,
Et dans le sable amoncelé
J'avance.

SAINT JOSEPH.

Un chamelier qui passe !

(Il l'appelle.)

Oh !

Il ne répond pas !

(Il l'appelle encore.)
Oh !

Mon appel plaintif meurt dans la nuit sonore,
Invisible toujours, il s'enfonce là-bas,
Et sa voix diminue encore !

A. de Richemont del.

Imp. Lemercier, Paris.

LE CHAMELIER, plus lointain.

L'oasis aux grands palmiers verts
Est bien lointaine;
La route est toujours incertaine!
Quand trouverons-nous tes flots clairs,
Fontaine?

Le désert mouvant est pareil
Aux mers profondes,
Et le sable a ses vagues blondes;
Parfois il ressemble au sommeil
Des ondes.

SAINT JOSEPH.

Le chant expire, hélas! Les bruits se sont éteints,
Tout me parle de mort en ces mornes lointains,
Le courage s'en va de moi, pauvre Marie!
Nous n'avons plus de pain, l'eau des puits est tarie,
Nous ne trouverons plus le chemin des cités,
Le pays nous trahit et Dieu nous a quittés!

LA VIERGE.

Seigneur! j'ai confiance en vous malgré ma peine,
Je vous sens près de moi toujours, par ce beau soir,
Si dur que vous soyez, vous n'êtes point la haine,
Quand mon corps est brisé ma foi reste sereine,
Au fond de ma douleur palpite mon espoir!

L'innocent nouveau-né, qu'entre mes bras je serre,
Ne peut avoir causé votre ressentiment;
Je fus de vos desseins la servante sincère,
Je sais que vos regards ont vu notre misère,
Je lis dans votre amour à travers mon tourment!

SAINT JOSEPH.

Votre voix me console, auprès de vous je prie;
Que Dieu soit avec moi comme avec vous, Marie!
Et puisse un bienfaisant sommeil descendre en nous,
Paisible avant-coureur d'un voyage plus doux!

(Ils s'endorment au pied du Sphinx. — Peu d'instants
après, apparaissent à droite, venant à pas mystérieux,
les soldats envoyés par Hérode.)

LE CHEF, découvrant les fugitifs.

(A voix basse.)

Les voici! C'est l'enfant que nous cherchons. Silence!
Ils ne paraissent pas bouger, leur somnolence
Va les livrer sans peine à nos glaives.

UN SOLDAT.

                         Leurs pas
Dans le sable restaient empreints depuis là-bas;
Eux-mêmes nous guidaient; qu'Hérode soit en joie!

LE CHEF.

Et nous aussi! Je crois qu'en possédant sa proie
Il récompensera largement nos efforts.

UN SOLDAT.

Au lieu d'être endormis, ils seront des gens morts;
Pour eux la différence, au fond, est très petite.

LE CHEF.

Et maintenant, frappons sans peur !

(Aux soldats.)

Et faites vite !

(Au moment où ils s'approchent avec leurs glaives levés,
le Sphinx de pierre, solennel, se dresse lentement sur
ses pattes de devant et leur parle d'une voix profonde.)

LE SPHINX.

Hommes ! ne tuez pas ! Le Sphinx vous le défend !
Laissez dormir le père et la mère et l'enfant !

(Les soldats se sont reculés avec effroi.)

LE CHEF.

Oh! le monstre de pierre en menaçant se lève !
J'ai peur !

LE SPHINX.

Obéissez, soldats! que votre glaive
Ne se rougisse pas au sang pur et sacré
De cet enfant divin par moi-même adoré.

Ma voix a commandé, qu'aucun de vous n'approche,
Ou mon pied, infrangible et lourd comme une roche,
Se dresserait, vengeur, et je l'écraserais
Ainsi que l'éléphant broie un jonc des marais!

Hérode, votre maître, est le roi de Judée,
Mais cet enfant qui rêve est roi de l'univers!
Et les peuples nouveaux, vibrant à son idée,
Voudront tous saluer sa gloire à cœurs ouverts!

Mes grands yeux de granit, aveuglés par les sables,
Dominent l'avenir et sont pleins du passé;
Les dieux de mon pays, idoles périssables,
Ont vu leurs temples morts et leur sceptre brisé!

Horus n'a plus de prêtre, Anubis est une ombre,
Ils dorment à jamais le sommeil de nos rois;
Arrachés des autels, des animaux sans nombre
Parcourent, affamés, les fleuves et les bois.

Sous le poids de l'erreur le vieux monde s'écroule,
Dans ses débris épars germent les lendemains,
Tout change, et, dans les cœurs transformés de la foule,
Agonisent aussi tous les dieux des Romains !

Hommes ! relevez-vous ! ne tremblez plus, esclaves,
Car Jésus est le droit que l'on croyait dompté,
C'est lui dont la douceur brisera vos entraves,
C'est la sublime aurore où luit la liberté !

(Les soldats terrifiés partent; le Sphinx se recouche et parle encore.)

Ils sont partis ! J'entends leurs pas et leurs murmures,
Et la peur les domine autant que la raison.
Tout se tait, le silence aimé de mes nuits pures
Va planer, solennel, sur tout mon horizon.

Dors, ô petit enfant ! ô siècle qui commence !
Ma voix t'a salué, triomphale, et pourtant
Mon cœur pétrifié gémit en écoutant
Les confuses clameurs de l'avenir immense !

Oui, malgré ton essence impeccable, ta loi
Aura l'impur ferment de toute chose humaine,
Beaucoup des tiens, hélas ! changeront, après toi,
Ta doctrine d'amour en doctrine de haine ;

Car, tant que le soleil flamboiera dans les cieux,
L'homme mettra sa gloire à créer des ruines,
Et voudra, corrupteur des plus pures doctrines,
Souiller son idéal et déformer ses dieux !

(Le chœur des anges se fait entendre au loin.)

CHŒUR D'ANGES, invisible.

Portant des lis avec des palmes
Cueillis au céleste jardin,
Nous saluons, brillants et calmes,
Jésus au sublime destin.

Sauvé d'Hérode et de sa haine,
L'enfantelet est dans la plaine;
Sous la lune bleue et sereine,
     Il dort.

Là haut, dans la nuit étoilée,
Sourit notre phalange ailée,
Car loin de lui s'est envolée
     La mort!

═ RIDEAU ═

ACHEVÉ D'IMPRIMER

PAR

G. GOUNOUILHOU, A BORDEAUX

LE XX NOVEMBRE M.DCCC.XCI.

BORDEAUX. — IMPR. G. GOUNOUILHOU